6 AVR. 1914

VENTE
Des 6 et 7 Avril 1914
HOTEL DROUOT, SALLE N° 12
A DEUX HEURES

OBJETS D'ART
ET D'AMEUBLEMENT
ARGENTERIE — FOURRURES
Sièges et Meubles

APPARTENANT A MADAME J...

COMMISSAIRES-PRISEURS
Me J. ENGELMANN
Me HENRI BAUDOIN

CATALOGUE

DES

Objets d'Art et d'Ameublement

PORCELAINES, FAIENCES, VERRERIE

GRAVURES, DESSINS, TABLEAUX

Sculptures, Cuivres, Fers, Étains, Pendules

BRONZES D'ART ET D'AMEUBLEMENT

Importante Argenterie de Table

SIÈGES ET MEUBLES

ANCIENS ET MODERNES

BELLES FOURRURES

TAPIS D'ORIENT

LE TOUT APPARTENANT A MADAME J...

ET DONT LA VENTE AURA LIEU A PARIS

HOTEL DROUOT, SALLE Nº 12

LES LUNDI 6 ET MARDI 7 AVRIL 1914

à deux heures

COMMISSAIRES-PRISEURS

Mᵉ J. ENGELMANN	Mᵉ Henri BAUDOIN
3, rue des Mathurins	10, rue de la Grange-Batelière

EXPOSITION PUBLIQUE

Le Dimanche 5 Avril 1914, de deux heures à six heures

CONDITIONS DE LA VENTE

Elle sera faite au comptant.

Les adjudicataires paieront *dix pour cent* en sus des enchères.

Paris. — Imp. de l'Art, Ch. Berger, 41, rue de la Victoire.

DÉSIGNATION

CÉRAMIQUE

1 — Pichet en grès.

2 — Groupe en terre émaillée : La Fessée.

3 — Quatre plats variés en faïence française.

4 — Deux pièces : vase à deux anses et cornet de pharmacie en faïence, à décor bleu.

5 — Confiturier en cristal.

6 — Cache-pot cylindrique en faïence française, à fleurs et oiseaux.

7 — Potiche en porcelaine de Chine, décor de personnages et animaux ; base et collerette en bronze.

8 — Deux vases-balustres en porcelaine, à décor de réserves de paysages avec pagodes en bleu et or sur fond vert.

9 — Deux vases-bouteilles en porcelaine laquée noir ; monture en bronze.

10 — Service à thé en porcelaine dure, décor or sur fond vert Empire.

11 — Tête-à-tête en porcelaine de Berlin à décor de fleurs et chiffré : *B*.

12 — Quatre flacons variés en verre.

13 — Quatre petits porte-fleurs variés en céramique.

14 — Deux jardinières-appliques en céramique à feuillages bleus sur fond blanc.

15 — Deux bassins variés en faïence.

16 — Deux bols en porcelaine de Chine, à décor bleu.

17 — Socle-applique en porcelaine décorée, à armoiries et figure d'aigle.

18 — Six encriers variés en faïence.

19 — Quatre pots cylindriques en faïence, à décor bleu.

20 — Cinq pichets variés en faïence, à décor de fleurs et oiseaux.

21 — Grande fontaine en faïence, à décor de personnages, guirlandes de fleurs, oiseaux, etc.

22 — Cinq assiettes variées et un plateau en faïence.

23 — Assiette en faïence de Moustiers, décorée au centre d'une figure de Neptune.

24 — Vingt-six pièces en porcelaine dure, à décor de fleurs et dorure, telles que : assiettes, tasses, soucoupes, cafetière, théière, sucrier, pot à lait, etc.

25 — Médaillon en terre cuite, par Nini : Franklin.

GRAVURES, DESSINS
TABLEAUX

26 — Gravure par JAZET, d'après CARLE VERNET : Jockey coupant son adversaire.

27 — Gravure en couleurs : Trois cavaliers à cheval.

28 — Gravure en noir, d'après VERNET : La Course.

29 — Gravure en noir : Le Pansage.

30 — Gravure en couleurs : Vue d'une caserne.

31 — Dessin sur papier bleu : Le Salon du roi Joseph.

32 — Gravure en noir : Les Huit époques de Napoléon.

33 — Gravure en couleurs : Deux cavaliers.

34 — Gravure, d'après VERNET : Cheval de course au moment du départ.

35-36 — Deux gravures en noir : Le Général Washington et le Marquis de Lafayette.

37 — Gravure en noir, d'après MOREAU : La Course de chevaux.

38 — Gravure en noir, d'après C. VERNET : La Course.

39 — Gravure en noir, d'après CHARDIN : Femme dans un intérieur.

40 — Gravure en noir, par GROS, d'après VERNET : Course de traîneaux.

41 — Gravure en noir : Une soirée chez Mme Geoffrin.

42 — Gravure par DEBUCOURT, d'après VERNET : Préparatifs d'une poule entre cinq chevaux de course.

43 — Gravure : Bateau à voile sur la mer.

44 — Deux gravures en couleurs, par DEBUCOURT, d'après VERNET : Une course au Champ-de-Mars et l'Arrivée.

45 — Gravure en noir, d'après HORACE VERNET : Le Maréchal Moncey à la barrière de Clichy.

46 — Gravure en couleurs, d'après CARLE et HORACE VERNET : Quatrième suite de chevaux.

47 — Gravure en noir : Napoleone, par CALAMATTA.

48 — Gravure en noir : La Course, par JAZET, d'après VERNET.

49 — Gravure en noir : Course de chars romains.

50 — Gravure en couleurs : Sujet de chasse et de course.

51 — Trois gravures en couleurs : Réceptions diverses à Milan, Venise, etc.

52 — Cadre contenant seize petites gravures variées. Époque de la Révolution.

53 — Cadre contenant huit petites gravures variées. Époque de la Révolution.

54 — Quatre pièces : cartes géographiques, plan du bois de Vincennes, etc.

55 — École moderne. Trois potiches sur une cheminée. Aquarelle.

56 — École moderne. Femme en costume noir, assise.

57 — Ménard (R.). Vue de montagnes. Pastel.

58 — Ménard (R.). Vue de montagnes. Peinture sur carton.

59 — Dreux (Alfred de). Jockey au galop. Peinture sur toile.

SCULPTURES

BRONZES, CUIVRES, FERS

ÉTAINS

60 — Bénitier en pierre sculptée, à décor de mascarons.

61 — Lot de bas-reliefs en composition.

62 — Grosse cloche en métal, avec bande de cuir.

63 — Balai de foyer à manche d'ivoire.

64 — Couteau à pain sur planche en bois sculpté.

65 — Petit couteau à pain sur planche en bois sculpté.

66 — Couteau à pain sur tablette en bois sculpté.

67 — Coffret en cuir noir, garni de ferrures.

68 — Pistolet à pierre.

69-70 — Deux petits miroirs variés.

71 — Boîte hexagonale en laque, à compartiments.

72 — Deux boîtes en paille de couleur.

73 — Six pièces en agate : buvard, coupe-papier, coupe, etc...

74 — Statuette en marbre : Vieille femme assise, lisant.

75 — Statuette en marbre : Enfant en chemise.

76 — Deux chenets en fer forgé, à volutes.

77 à 80 — Lot d'objets variés en fer forgé. (Sera divisé.)

81-82 — Lot de grils en fer.

83 à 86 — Lot de pelles, pincettes, tisonniers, crémaillières, en fer forgé.

87 à 92 — Fort lot de chenets et landiers en fer et fonte.

93 — Tête ailée en bronze.

94 — Deux boîtes hollandaises en cuivre gravé.

95 — Deux devants de foyer en dinanderie.

96 — Deux faces de phares Ducellier.

97 — Trois lanternes à pétrole pour automobile.

98 à 105 — Fort lot d'objets variés en cuivre et dinanderie : marmites, bouilloires, samovar, porte-allumettes, flambeaux, vases, etc. (Sera divisé.)

106 à 110 — Lot de pièces de service en métal nickelé ou argenté : réchauds, seaux, bouilloires, etc.

111 — Petite pendule-réveil, forme borne, en cuivre.

112 — Deux petits candélabres en bronze doré, formés d'un vase surmonté d'un bouquet de fleurs à une lumière.

113 — Pendule en bronze doré; cadran enguirlandé de fleurs reposant sur une moitié de fût de colonne.

114 — Pendule en bronze doré, modèle à fût de colonne surmonté d'un groupe : Enfant et chèvre.

115 — Pendule Louis XV en bois noir, décor or; cadran signé : *Boilla fils aîné,*

116 — Pendule Louis XV, avec socle-applique, en bois peint noir décoré de fleurettes en dorure.

117 à 120 — Lot d'étains.

ARGENTERIE, PLAQUÉ

121 — Corbeille à pain en métal argenté.

122 — Huit pièces en métal anglais : pichet, cafetière, théière, poivrier, porte-rôties, etc...

123 — Quinze cuillères, quatorze fourchettes, six couteaux, deux fourchettes à pickles, un couteau à pain et un couteau à beurre; métal anglais.

124 — Deux plateaux carrés à bords ajourés en métal anglais.

125 — Légumier, coupe et chocolatière en porcelaine, à décor de fleurs, montés en argent doré.

126 — Pichet à anse en argent repoussé, à décor de feuilles et de fleurs.

127 — Petit plateau rectangulaire en argent, de style Louis XV.

128 — Petit plateau rectangulaire en argent, de style Louis XVI.

129 — Moutardier en argent gravé.

130 — Petite cuvette en argent godronné. Travail anglais.

131 — Surtout de table à fond de glace en trois parties, avec encadrement en argent, de style Louis XV.

132 — Garniture de toilette, comprenant : trois boites en argent, quatre brosses, une glace à main, un chausse-pied, un peigne et un tire-bouton montés argent.

133 — Petit confiturier et moulin à poivre, montés argent. Passe-thé argent.

134 — Confiturier en argent et cristal gravé.

135 — Douze cuillers à œufs en argent.

136 — Douze coquilles à poisson en argent, de travail anglais.

137 — Soupière sur plateau adhérent et deux légumiers avec couvercles en argent repoussé, à décor de paysages avec habitations. Le tout contenu dans un coffre en argent.

138 — Service à poisson, composé de vingt-quatre fourchettes, deux autres plus grandes, une pelle et une cuiller en argent, de travail anglais.

139 — Deux flambeaux en argent. Fin du XVIIIe siècle.

140 — Service composé de : un grand plateau rectangulaire, un samovar, une cafetière, une théière, un sucrier, un pot à lait. Le tout en argent côtelé et godronné.

141 — Service de table en argent et argent doré, de style Renaissance, chiffré, de la *Maison Whiting and C^{o} de New-York*, comprenant :

Dix-huit grandes fourchettes.
Dix-huit grandes cuillers.
Dix-huit couteaux de table, lames acier.
Dix-huit couteaux de table, lames argentées.
Dix-huit fourchettes à entremets.
Dix-huit cuillers à entremets.
Dix-huit couteaux à entremets.
Dix-huit fourchettes à poisson.
Dix-huit couteaux à poisson.
Vingt-quatre cuillers à gâteaux.
Dix-huit fourchettes à gâteaux.
Vingt-quatre fourchettes à huitres.
Dix-huit cuillers à glace.
Dix-huit petites fourchettes tridents.
Douze cuillers à café.
Dix-huit cuillers à œufs.
Douze petites cuillers.
Deux couteaux à fromage.
Sept pièces à hors-d'œuvre.
Cinq pièces à découper.

Deux louches.
Deux pièces à salade.
Truelle à poisson.
Deux fourchettes à poisson.
Deux pelles à glace.
Deux cuillers à sauce.
Deux cuillers à compote.
Cuiller à sucre.
Deux pinces à sucre.
Pince à sucre forme oiseau.
Quatre cuillers à fruits.
Fourchette à pickles.
Quatre brochettes.
Deux casse-noix.
Deux ciseaux à raisins.
Douze petites salières.
Douze flacons à sucre.
Douze flacons à poivre.
Douze pelles à sel.
Deux cuillers à moutarde.

142 — Important service de table en argent, de style Louis XV, modèle à filets et à coquille, composé de :

Trente cuillers.
Soixante-douze fourchettes.
Dix-huit cuillers à œufs.
Soixante-douze couteaux de table, manches en argent.
Un couteau à pain.
Dix-huit couverts à poissons.
Dix-huit fourchettes à huîtres.
Dix-huit fourchettes à homard.
Dix-huit fourchettes à escargots.

Dix-huit fourchettes à melon.
Un service à poisson.
Deux cuillers à sauce.
Trente-six cuillers à dessert.
Dix-huit fourchettes à dessert.
Vingt-quatre cuillers à café.
Dix-huit cuillers à café en vermeil.
Dix-huit cuillers à thé.
Deux cuillers à sucre.
Une pince à sucre.
Vingt-quatre couteaux à dessert, lames acier.
Vingt-quatre couteaux à dessert, lames argent.
Deux casse-noix.
Deux ciseaux à raisins.
Deux couteaux à beurre.
Deux couteaux à fromage.
Une pince à champagne.
Une cuiller à glace.
Un couteau à citron.
Un service à salade.
Deux cuillers à compote.
Deux cuillers à fraises.
Une pelle à gâteaux.
Une cuiller à crème.
Une cuiller à fruits.
Une cuiller à confitures.
Un service à bonbons (cinq pièces).
Une pelle à œufs.
Deux services à hors-d'œuvre (huit pièces).
Un service à pâté.
Une fourchette à pickles.
Dix-huit brochettes.
Dix-huit petites casseroles (intérieurs porcelaine).

Dix-huit fourchettes à gâteaux.
Dix-huit pelles à glace.
Dix-huit cuillers à oranges.
Un service à glace.
Dix-huit porte-couteaux.
Neuf porte-menus.
Six dessous de carafes.
Six salières.
Six pelles à sel.
Deux moutardiers.
Deux cuillers à moutarde.
Un berceau à asperges.
Dix-huit pinces à asperges.
Une grande pince à asperges.
Une louche.
Deux cuillers à ragout.
Un service à découper.
Un manche à gigot.
Dix-huit manches à côtelettes.

Le tout avec chiffres en relief.

Ce service est contenu dans un meuble en chêne, à tiroirs gainés de peau.

Ce service est accompagné de :

Une soupière couverte.
Deux légumiers couverts sur plateau.
Deux saucières sur plateau.
Une coupe à fruits.
Trois plateaux à fruits.
Quatre coupes à gâteaux, intérieur cristal.
Un samovar.
Un réchaud.
Huit plats ronds variés de dimensions.

Quatre plats ovales variés de dimensions.
Une coupe à pain.
Un ramasse-miettes et sa brosse.
Une chocolatière.
Une cafetière, une théière, un sucrier et un pot à lait.
Un grand plateau rectangulaire avec poignées.

Le tout en argent chiffré, de style Louis XV.

MEUBLES ET SIÈGES

143 — Chaise en bois tourné, avec deux coussins en étoffe jaune à rayures.

144 — Sept chaises variées, garnies de cuir et cloutées de cuivre.

145 — Quatre chaises-escabeaux variées en bois.

146 — Fauteuil-caqueteuse en noyer.

147 — Chaise garnie de paille.

148 — Chaise à haut dossier en bois sculpté, couverte en étoffe à fond rouge.

149 — Bergère à oreilles, couverte en moquette à dessins géométriques en rouge et bleu sur fond blanc.

150 — Deux banquettes à six pieds en bois tourné reliés par une traverse, couvertes en paille.

151 — Grand fauteuil de forme carrée avec siège et dossier en lampas à fond rouge.

152 — Deux fauteuils en bois sculpté, variés, garnis de cuir et cloutés de fer.

153 — Deux chaises en bois tourné, garnies d'étoffe à rayures rouges et vertes.

154 — Vaisselier-applique en bois, avec crochets et clous en cuivre.

155 — Vaisselier-applique, à décor de petits balustres, avec crochets en cuivre.

156 — Table rectangulaire à pieds cambrés en bois sculpté, avec un tiroir.

157 — Table rectangulaire à quatre pieds tors reliés par des traverses, avec un tiroir.

158 — Table à quatre pieds tournés reliés par des traverses, avec deux allonges latérales.

159 — Table à deux volets pliants, sur quatre pieds unis reliés par des traverses.

160 — Table à un tiroir, à quatre pieds tournés reliés par des traverses.

161 — Grande table à deux pieds pleins reliés par des traverses et garnie de ferrures.

162 — Une autre, analogue, à tiroirs moulurés.

163 — Grande table rectangulaire à quatre pieds tournés en spirales, avec deux allonges latérales.

164 — Bahut, à deux portes, en bois ciré avec étoiles en marqueterie ; dessus en cuivre.

165 — Horloge à gaine en bois sculpté, à moulures et rosaces.

166 — Horloge à gaine en chêne sculpté, à décor de moulures.

167 — Petite table à un tiroir, à quatre pieds tors reliés par des traverses surmontées d'un vase.

168 — Table carrée, avec volets à charnières, à cinq pieds unis.

169 — Grande armoire en bois sculpté, à deux portes pleines, à décor de moulures.

170 — Horloge avec gaine en bois laqué, à décor or ; pagodes et personnages sur fond noir.

171 — Grand bahut, à quatre portes pleines, à décor de colonnettes détachées et de moulures guillochées ; garnitures de cuivre.

172 — Table rectangulaire à quatre pieds tournés en spirales, avec traverses d'entrejambes ; elle contient un tiroir.

173 — Petit bahut en chêne, fermant à une porte, avec support à quatre pieds.

174 — Table à quatre pieds tournés reliés par des traverses.

175 — Crédence en bois sculpté gothique, garnie de ferrures.

176 — Petite armoire-vitrine en chêne avec intérieur garni de soie.

177 — Meuble à hauteur d'appui, à deux portes pleines, à décor de moulures.

178 — Banc à quatre pieds tournés, avec dossier en bois sculpté.

179 — Petite table, à deux tiroirs, en noyer, à quatre pieds cambrés.

180 — Bahut à deux corps, à deux portes et deux tiroirs, en bois mouluré et marqueterie.

181 — Petite table-bureau en bois de placage avec écran mobile.

182 — Meuble à deux corps en bois sculpté, à décor de rosaces et moulures.

183 — Table rectangulaire en bois sculpté à un tiroir, à quatre pieds tournés reliés par une traverse.

184 — Bahut à quatre portes pleines en bois sculpté à moulures et colonnettes, sur support à deux pieds avec fond plein.

185 — Armoire à deux portes pleines, en bois sculpté; décor de losanges, rosaces et colonnettes torses.

186 — Quatre petites tables-étagères en bois.

187 — Petite table à jouer, à dessus orné d'un damier, transformée en coiffeuse.

188 — Petite table rectangulaire à quatre pieds torsades reliés par une traverse.

FOURRURES, TAPIS

189 — Étole renard blanc, doublée fourrure.

190 — Manchon renard blanc plat ouvert.

191 — Echarpe blaireau bleuté, doublée satin, quatre queues de renard.

192 — Cravate martre pointée, double fourrure.

193 — Manchon zibeline plat.

194 — Manchon glouton, coussin à satin marron.

195 — Etole glouton, doublée satin.

196 — Col castor loutre, doublé satin.

197 — Grande écharpe hermine, doublée fourrure.

198 — Manchon hermine, doublé satin ivoire.

199 — Paletot astrakan, doublé soie, fantaisie.

200 — Étole renard argenté, doublée fourrure.

201 — Manchon plat ouvert renard argenté, doublé satin ivoire, voilé mousseline grise.

202 — Sac à main loutre, intérieur peluche.

203 — Collet pijick démonté, sans doublure.

204 — Bande renard lustré noir. — 3 m. 90 cent. sur 5 cent.

205 — Bande queues de vison du Canada. — 7 m. 05 cent. sur 2 cent.

206 — Bande loutre. — 4 m. 65 cent. sur 3 cent.

207 — Bande zibeline. — 1 m. 25 cent. avec deux têtes dont une naturalisée.

208 — Fond de chapeau vison du Canada, non doublé.

209 — Tête zibeline naturalisée.

210 — Bande hermine. — 60 cent. sur 3 cent. environ.

211 — Lot de quarante-huit pompons loutre.

212 — Bande queues vison du Canada. — 2 m. 05 cent. sur 2 cent.

213 — Lot deux morceaux skungs. — 30 cent. sur 2 cent.

214 — Bande en velours bleu, avec broderies métalliques.

215 à 235 — Vingt tapis ou carpettes d'Orient.

236 — Tapis en velours de Scutari.

237 — Objets omis.

www.ingramcontent.com/pod-product-compliance
Ingram Content Group UK Ltd.
Pitfield, Milton Keynes, MK11 3LW, UK
UKHW022150260726
13993UKWH00005B/2267